AF497904

NOTICE

SUR

L'EXACTITUDE ET L'USAGE

DU

FREIN DYNAMOMÉTRIQUE

POUR LA MESURE

de la puissance des usines;

PAR J.-B. VIOLLET,

ingénieur civil hydraulicien, spécialement pour les opérations
d'art, les mémoires contentieux relatifs aux litiges qui
s'élèvent sur l'usage industriel des eaux, et
pour l'établissement ou l'amélioration
des moteurs hydrauliques.

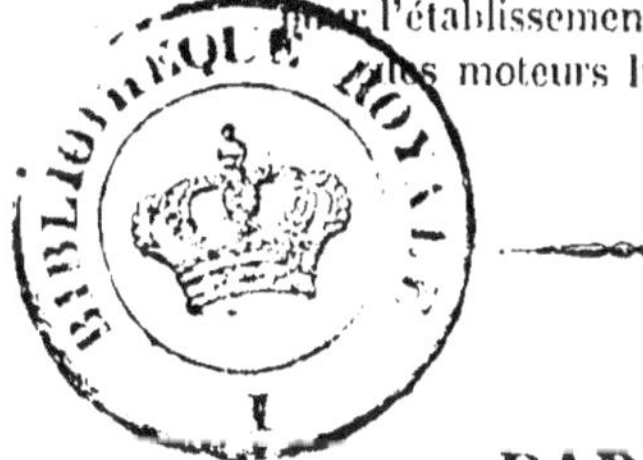

PARIS,

CARILIAN-GOEURY ET VICTOR DALMONT,

LIBRAIRES DES CORPS ROYAUX DES PONTS ET CHAUSSÉES ET DES MINES,

QUAI DES AUGUSTINS, 39;

MATHIAS,

LIBRAIRE POUR LES SCIENCES, LES ARTS ET L'INDUSTRIE, QUAI MALAQUAIS, 15;

L'AUTEUR,

INGÉNIEUR CIVIL HYDRAULICIEN, RUE ST-LOUIS, AU MARAIS, 79.

1839

AVERTISSEMENT,

Une partie de la notice que je publie a été présentée à la Société d'encouragement pour l'industrie nationale, le 4 décembre 1838, ainsi que le constate le procès-verbal de la séance du lendemain (*), et je ne l'aurais imprimée que plus tard, si je n'avais été décidé à ne pas différer davantage, par les doutes qui ont été émis dernièrement sur l'exactitude du frein dynamométrique.

Je n'ai cependant pas eu l'intention d'entrer en discussion sur les principes de la mécanique; j'ai écrit pour les personnes qui croient à ces principes, et je me suis proposé seulement de publier un travail dont j'ai depuis longtemps établi les bases, et qui me semble pouvoir être de quelque utilité.

(*) Voyez le bulletin publié par cette Société pour décembre 1838.

NOTICE

sur l'exactitude et sur l'usage

DU

FREIN DYNAMOMÉTRIQUE.

1. L'extension toujours croissante des arts mécaniques tendant aujourd'hui à rendre de plus en plus fréquent l'usage du précieux appareil dynamométrique dont M. de Prony a doté l'industrie, j'ai pensé que la publication de quelques recherches sur l'exactitude des expériences faites au moyen de cet appareil pourrait n'être pas sans intérêt pour les ingénieurs et les mécaniciens; j'y ai joint des observations sur les modifications que le défaut d'espace oblige souvent les expérimentateurs d'apporter au dispositif proposé par l'illustre inventeur, et sur les moyens de faciliter l'usage de cette machine.

J'ai été conduit à faire ces recherches par une discussion sur laquelle j'ai été consulté, et dont l'objet était de savoir si le moteur d'une usine était assez puissant, ou si les *opérateurs* (les machines destinées à exécuter le travail) absorbaient une trop forte quantité d'action dynamique. Sans doute, cette question n'aurait offert aucune difficulté, si la solution n'en avait été réclamée immédiatement, et que le temps m'eût permis de

faire venir de Paris un manchon en fonte tourné
régulièrement, et propre à être placé sur le prin-
cipal arbre de rotation. Privé de toutes ressources
autres que celles que l'on trouve dans une cam-
pagne, j'ai dû faire préparer aussitôt sur les lieux
un frein, un manchon et tous les accessoires nécessaires pour opérer sans délai (*).

Comme je n'étais pas sans inquiétude sur le de-

(*) J'indiquerai aux personnes qui pourraient se trouver
dans la même position les soins que j'ai pris pour obvier,
autant que possible, aux vices de l'exécution du manchon,
dont la construction présentait plus de difficultés que celle
des autres pièces.

Ce manchon consistait en une poulie d'une grande épaisseur, et dont la gorge avait 0^m 5oo de diamètre. Le calcul
avait fait reconnaître que cette dimension, qui était imposée
par la disposition des lieux, suffirait à la rigueur. En mettant en mouvement la roue de l'usine, on put tourner la
gorge assez bien pour l'arrondir, mais non pour la rendre
très-unie et empêcher l'arrachement des fibres ligneuses sur
tous les points où le grain d'orge et la plane les attaquaient
à rebours. Il ne fallait pas songer à employer le manchon
dans cet état, parce que le bois, frottant alternativement sur
le fil et sur le bout contre les mâchoires, eût produit un
frottement si inégal que toute observation eût été impossible. Je fis donc garnir la gorge d'une bande mince de fer
laminé, fixée par des vis à bois noyées dans des trous fraisés.
L'application exacte de ce fer sur le bois, de manière à ne
lui laisser faire aucune soufflure sous la grande pression
qu'il devait éprouver, fut l'obstacle qui, dans mon dénû-
ment, me donna le plus de peine. Je parvins cependant à
le surmonter. Quant à la solidité du manchon, je l'assurai
en faisant fabriquer en fer les clefs d'assemblage de la poulie ainsi que leurs chevillettes, et en reliant les flancs de

gré d'approximation que cet appareil, improvisé et
si imparfaitement exécuté, me permettrait d'atteindre, je crus devoir déterminer *à priori* l'amplitude
de l'arc décrit par l'extrémité du bras du frein ,
pour une variation donnée dans le frottement.
Telle est l'origine des calculs que je vais exposer,
après avoir rappelé sommairement la théorie du
frein dynamométrique, et posé les principes qui
seront nécessaires pour la discussion.

cette poulie par des lames aussi en fer, noyées dans le bois,
et maintenues solidement par de fortes vis.

Il fallut renoncer, faute de temps et d'outils, à tourner
la bande de fer qui revêtait le manchon ainsi disposé; les
mâchoires du frein n'auraient pu, non plus, être parfaitement régularisées que dans un atelier de construction de
machines. Privé de la faculté de donner ce dégré de perfection à mon appareil, je me bornai à faire rouler le manchon
dans le frein médiocrement serré, jusqu'à ce que le fer fût
blanchi et adouci ; je fis également suspendre plusieurs fois
l'alimentation du filet d'eau continu, destiné à rafraîchir
les surfaces frottantes. Les mâchoires, comme je m'y attendais, s'échauffèrent aussitôt, et se rodèrent si bien en se
charbonnant légèrement, que le tour ne leur eût certaine -
ment pas donné plus de rondeur.

Au moyen de ces précautions, l'expérience réussit dès le
premier essai, et quoique le levier eût 4$^{m\cdot}$ 5o de longueur,
mesurée entre l'axe de rotation et le point de suspension,
les oscillations, au-dessus et au-dessous de l'horizontale, ne
dépassèrent pas sensiblement o$^{m\cdot}$ 16; ce qui me donna
beaucoup de satisfaction, parce que le calcul me démontra
que l'erreur possible était assez petite pour ne pouvoir influer d'une manière préjudiciable sur le degré d'approximation dont j'avais besoin.

2. Nommons :

F, l'effort tangentiel qui résulte du frottement, et de la pression exercée par le tirage des boulons.

r, le rayon du cercle sur lequel s'opère le frottement.

P, le poids total suspendu au point d'application.

P′, le poids du frein, de ses mâchoires, de ses boulons.

l, le bras de levier du poids P.

l', le bras de levier du poids P′, supposé rassemblé au centre de gravité de l'appareil.

(Ces mesures se rapportent à la position normale du frein.)

τ, le nombre des tours faits dans l'unité de temps par l'axe de rotation, lorsque cet axe possède la vitesse normale.

Δ, Le travail dynamique normal transmis par cet axe dans l'unité de temps et exprimé en kilogrammètres.

π, le rapport de la circonférence au diamètre.

Le travail consommé dans l'unité de temps par le frottement exercé à la circonférence du manchon sera exprimé par $2\pi r \times F \times \tau$, et, comme le frein est destiné à consommer le travail du moteur à mesure que ce travail est produit, on aura évidemment, lorsque cette condition sera remplie,

$$\Delta = 2\pi r F \tau \qquad (1).$$

D'ailleurs, le poids P placé à l'extrémité du levier, à une distance horizontale l de l'axe, a pour moment Pl, et ce moment, joint au moment P′l' du poids du frein, doit, dans le cas d'équilibre, être constamment égal au moment Fr de l'effort tangentiel F du frottement qui s'exerce à l'extrémité du rayon r. On a donc :

$$Pl + P'l' = Fr \qquad (2),$$

d'où.

$$F = \frac{Pl + P'l'}{r} \qquad (3).$$

Remplaçant F dans l'équation (1) par cette valeur, et réduisant, on parvient à la formule

$$\Delta = 2\pi\tau\,(\,Pl + P'l'\,) \qquad (4),$$

qui donne, en kilogrammètres, le travail transmis et consommé dans l'unité de temps.

Cette expression n'est que la formule ordinaire des auteurs, généralisée par l'introduction du moment $P'l'$ (*). Lorsque l'on équilibre le frein et que le centre de gravité se confond avec l'axe de rotation, l' devient zéro, et la formule, dans ce cas particulier, se réduit à l'expression

$$\Delta = 2\pi l P\tau \qquad (5),$$

forme sous laquelle on la trouve le plus souvent dans les traités de mécanique appliquée.

(*) On voit aussi qu'elle revient implicitement à celle-ci : $\Delta = PV + P'V'$; dans laquelle V et V' sont les vitesses $2\pi l\tau$ et $2\pi l'\tau$, que tendent virtuellement à prendre les extrémités des bras de levier l et l' des puissances P et P'. Ces extrémités posséderaient effectivement ces vitesses, si le frein était entraîné dans le mouvement de l'arbre tournant.

Si l'on voulait obtenir ces formules pour le temps élémentaire dt, il suffirait de remplacer, dans ce qui précède, τ, V et V', par $d\tau$, dV et dV'.

3. Je dois prévenir une objection qui pourrait être faite contre l'emploi d'une équation de statique (car l'équation des moments n'est pas autre chose) pour la solution du problème de dynamique qui fait l'objet de ce mémoire.

Il importe peu, dans le cas qui nous occupe, que l'équation appartienne à la statique. *Le travail étant consommé à mesure qu'il est produit,* si l'équilibre subsiste pendant l'instant élémentaire dt, il subsistera pendant un temps quelconque t. En effet, soit que l'on considère le moteur comme produisant dans l'instant élémentaire une quantité de mouvement élémentaire mdv, ou une vitesse virtuelle $2 \pi l d \tau$, ou une quantité de travail élémentaire $d \Delta = P \times 2 \pi l d \tau$, ou une force vive élémentaire $2 m v d v$, et que l'on applique celui que l'on voudra des principes connus, on arrivera toujours à cette conclusion, que la consommation égale à la production empêche toute variation de quantité de mouvement, de vitesse, de travail, de force vive ; que, par conséquent, l'équilibre qui subsiste dans le premier instant dt doit subsister dans le second dt, dans le troisième, et enfin pendant toute la durée du temps fini quelconque t, quelle que soit cette durée.

4. Lorsque l'axe de rotation commence à passer du repos au mouvement, le moteur, par des efforts additionnels, ou bien la résistance, par une diminution momentanée de son intensité (*), permet

(*) On accomplit cette dernière condition dans les usines, en évitant d'engrener, pendant les premiers instants de la

au système mobile d'accélérer sa marche jusqu'à la
vitesse normale. Quand ce régime est atteint et qu'il
se conserve, le moteur et la résistance prennent aussi
leurs intensités normales respectives, de manière
à se faire équilibre pendant un temps quelconque, aussi court ou aussi prolongé que l'on veuille
le supposer (3). Leurs efforts contraires se détrui-
sent donc mutuellement et instantanément comme
dans le cas précédent; mais le système continue à
se mouvoir uniformément en vertu de son inertie
et de la vitesse qu'il a acquise pendant l'époque
transitoire d'accélération dont nous venons de
parler. L'équation des moments, en exprimant cet
équilibre, exprime donc aussi, comme conséquence,
que, pendant tout le temps de cet équilibre, le
mouvement ne pourra être ni accéléré ni ralenti,
et que le travail se consommera uniformément à
mesure qu'il sera produit (*).

On pourra faire encore une objection et dire
que, si la consommation régulière du travail auto-
rise à se servir de l'équation du frein, lorsque cet

mise en marche, quelques-uns des opérateurs, puis en
chargeant progressivement et convenablement le moteur. On
parvient ainsi à atteindre presque instantanément la vitesse
de régime, qui, *théoriquement parlant*, ne s'établirait qu'au
bout d'un temps infini si l'on n'employait ce moyen. Voyez
le *Cours de mécanique* appliquée aux machines, professé par
M. Poncelet, à l'école de l'artillerie et du génie, à Metz,
section 1re, nº 30.

(*) Nous croyons inutile d'insister sur ces considérations
qui se trouvent développées dans tous les traités de mécanique appliquée. Voyez notamment le *Cours* de M. Poncelet.

instrument conserve, *sans variation*, sa position normale, il n'en est plus exactement de même lorsque l'équilibre est troublé. Nous en convenons, et c'est précisément pour cela que nous allons discuter l'importance des inexactitudes qui résultent alors de l'emploi de cette équation.

5. Occupons-nous d'abord de déterminer l'erreur que l'on commet sur la valeur du bras de levier en introduisant dans la formule, pour cette valeur, la distance entre l'axe de rotation, et le point de suspension, comme si cette distance, mesurée sur le plan horizontal, représentait réellement le bras de levier moyen sur lequel agit la charge.

Nommons :

x' l'arc qui sous-tend l'angle BOB' (fig. 1), et qui a l'unité pour rayon. On voit d'ailleurs que l'angle BOB' est compris entre le plan horizontal qui passe par l'axe de rotation et la ligne OB' lorsque le bras du frein s'est abaissé jusqu'à la limite de l'oscillation, et que le point B est venu en B' (*).

x'_0, le nombre des degrés (sexagésimaux) de cet arc.

x'', $\left.\begin{array}{l} \\ \\ \end{array}\right\}$ les quantités analogues pour l'élévation du bras du frein et le passage du point B
x''_0, en B''.

(*) Ce sera toujours par cet angle que nous mesurerons les amplitudes des oscillations, et non par l'angle à sommet variable que décrit dans son mouvement la face inférieure du levier du frein. Il est visible, en effet, que cette face se meut autour d'un cercle de rayon O H, auquel elle reste constamment tangente.

$\jmath$, l'arc qui sous-tend l'angle AOB compris dans la position normale du frein , entre le point A et le plan horizontal qui passe par l'axe de rotation. Cet arc est aussi considéré comme ayant 1 pour rayon.

$\jmath_0$, le nombre des degrés de cet arc.

Remarquons que les arcs x' et x'' sont mesurés positivement, chacun dans le sens où il est décrit, à partir de la ligne OB, c'est-à-dire x' de B en B', et x'' de B en B''.

Conservons d'ailleurs les dénominations du numéro (2), et supposons que le point A soit le point d'application de la charge P.

Nous aurons

$$OB = OB' = OB'' = l.... \qquad (6)$$

pour la valeur du bras de levier que l'on emploie ordinairement dans la formule. Le point A de suspension décrira l'arc A'AA'' du rayon AO, et il est aisé de voir qu'au lieu de rester constant et égal à l, le bras de levier variera entre de certaines limites que nous allons examiner.

En effet (attendu que OB = AO cos $\jmath$), on a

$$AO = \frac{OB}{\cos \jmath} = \frac{l}{\cos \jmath} \qquad (7).$$

Cette valeur sera celle du bras de levier maximum, lorsque AO coïncidera avec l'horizontale OB. Le bras de levier minimum sera égal à OD' ou à OD'', selon que l'une ou l'autre de ces deux quantités sera plus petite que l'autre.

On voit donc évidemment que la méthode ordinaire de calcul est inexacte, et qu'au lieu de prendre l, pour le bras de levier moyen, comme on le fait ordinairement, on devrait prendre la valeur réelle de ce bras de levier moyen, valeur que le calcul intégral donne d'une manière extrêmement simple avec toute l'approximation que l'on peut désirer (*).

6. Sans entrer dans le détail de cette intégration, nous nous bornerons à rappeler que l'on démontre en mécanique que, pour un arc circulaire de rayon AO, le bras de levier moyen ρ est donné par l'équation

$$\rho = \frac{AO \int dy}{\int ds} \qquad (8),$$

(*) Il est important de ne pas perdre de vue que l'équation $AO = \dfrac{l}{\cos \delta}$ suppose la proportion $OB : AO :: \cos \delta : 1$; que, par conséquent, $\cos \delta$ est rapporté au rayon $= 1$, et que nous pouvons, pour prendre dans les tables la valeur de ce cosinus, entendre par δ soit l'arc δ même, soit le nombre δ_0 des degrés de cet arc, si δ est donné par le nombre de ses degrés. Cette remarque s'applique à toutes les autres lignes trigonométriques que nous devons employer. Nous ne faisons, au reste, ici, cette remarque bien connue que parce que nous allons faire usage du calcul différentiel; ce qui nous obligera de considérer les valeurs linéaires des arcs, au lieu du nombre de leurs degrés.

On n'oubliera pas, non plus, que la méthode qui fait obtenir la valeur du bras de levier moyen repose précisément sur ce que la puissance développerait, en agissant constamment et normalement à l'extrémité de ce bras, la même quantité de travail que quand elle agit à l'extrémité du bras de levier variable. (Voyez le *Cours de mécanique* professé à Metz par M. Poncelet, sect. II, n° 51.)

ds étant l'élément de l'arc, et dy l'élément de la projection sur un axe parallèle à la direction de la puissance.

Dans le cas dont nous nous occupons, on aura donc :

$$\varsigma = \frac{AO(D'A'+D''A'')}{\text{arc } A'AA''} \qquad (9).$$

$$\text{Or,} \quad AO = A'O = A''O = \frac{l}{\cos \delta} \qquad (10),$$

$$D'A' = A'O \{ \cos [90 - (x' - \delta)] \} =$$
$$= A'O \sin(x'-\delta) = \frac{l}{\cos \delta} \sin(x'-\delta) \quad (11)$$

$$D''A'' = A''O \{ \cos [90 - (x'' + \delta)] \} =$$
$$= A''O \sin(x''+\delta) = \frac{l}{\cos \delta} \sin(x''+\delta) \quad (12),$$

$$\text{arc } A'A\,A'' = AO (\text{ arc } AA' + \text{arc } AA'') =$$
$$= AO (x' + \delta - \delta + x'' + \delta - \delta) =$$
$$= AO(x' + x'') = \frac{l}{\cos \delta} (x' + x'') \quad (13).$$

Comme on le voit, dans la prévision que nous allons recourir à la différentiation, nous ramenons, comme tous les autres arcs, l'arc $A'AA''$ à sa valeur linéaire exprimée en fonction de l'arc semblable $x' + x''$, dont le rayon est 1. Les autres expressions, ainsi que nous l'avons fait observer (deuxième note de l'art. 5), sont également déjà rapportées à des arcs dont le rayon est 1, et qui ne réclament aucune préparation.

On conclut de ce qui précède, en faisant les substitutions,

$$\varrho = \frac{\dfrac{l}{\cos \delta} \left(\dfrac{l}{\cos \delta}\sin(x'-\delta) + \dfrac{l}{\cos \delta} \sin (x''+\delta) \right)}{\dfrac{l}{\cos \delta} \left(x'+ x'' \right)} ,$$

ou

$$\varrho = \frac{l}{\cos \delta} \cdot \frac{\sin (x' - \delta) + \sin (x''+ \delta)}{x'+ x''} \qquad (14).$$

Cette équation peut être simplifiée, car

$$\sin (x' - \delta) = \sin x' \cos \delta - \sin \delta \cos x',$$
$$\sin (x'' + \delta) = \sin x'' \cos \delta + \sin \delta \cos x''.$$

Substituant, observant que $\dfrac{\sin \delta}{\cos \delta} = \text{tang } \delta$, et réduisant, on trouve :

$$\varrho = \frac{l}{x'+x''} [\sin x'+\sin x''- \text{tang } \delta (\cos x' - \cos x'')] \quad (15).$$

En prenant, comme on le fait ordinairement, l au lieu de cette valeur, on commet donc sur la valeur du bras de levier une erreur donnée par la formule

$$l - \varrho =$$
$$l \left(1 - \frac{1}{x'+x''} [\sin x'+\sin x''- \text{tang } \delta (\cos x' - \cos x'')] \right) (16).$$

On pourrait, au reste, éviter facilement cette erreur, en prenant, au lieu de l, la valeur exacte de ϱ.

7. On voit, du premier coup d'œil, qu'en supposant δ, x' et x'' variables à la fois, on se jetterait dans une question de maximum et de minimum fort compliquée. Mais on peut simplifier cette recherche en observant que si, dans les expériences, le bras de levier ne se maintient pas constamment horizontal, l'usage est de

le considérer comme tel lorsque le rayon OB, dans ses oscillations, s'écarte autant au-dessus qu'au-dessous du plan horizontal; ce qui donne $x' = x''$.

Faisons donc, dans l'équation (16), $x' = x''$, et réduisons, nous trouverons, pour l'erreur correspondante à l'arc $(x' + x'' = 2\,x')$,

$$l - \varrho = l\left(1 - \frac{\sin x'}{x'}\right). \qquad (17).$$

Cherchons maintenant la valeur de x' qui rendra $l - \varrho$ un minimum ou un maximum.

Pour cela, mettons l'équation (17) sous la forme

$$l - \varrho = l\,(1 - x'^{-1}\sin x').$$

Différentions la partie variable, et égalons à zéro le coefficient différentiel; nous aurons

$$x'^{-2}\sin x' - x'^{-1}\cos x' = 0.$$

Pour éviter de perdre une racine par une réduction prématurée, nous mettrons cette équation sous la forme

$$\frac{\sin x'}{x'^2} - \frac{\cos x'}{x'} = 0.$$

Réduisant au même dénominateur selon la méthode générale, et non au plus petit commun dénominateur, puis supprimant le dénominateur commun, et décomposant en facteurs, nous trouverons :

$$(\sin x' - x'\cos x')\,x' = 0.$$

Le coefficient différentiel sera donc rendu nul par les deux valeurs

2

$$x' = 0,$$

$$x' = \frac{\sin x'}{\cos x'} = \tang x'.$$

Mais il est évident que l'arc x' ne peut être égal à sa tangente que quand il est en même temps égal à zéro. Les deux valeurs de x', et par conséquent de son égal x'', correspondantes au maximum ou au minimum, sont donc :

$$\left. \begin{array}{l} x' = 0 \\ x' = 0 \end{array} \right\} \qquad (18).$$

On voit bien d'ailleurs que c'est à un minimum que correspondent ces valeurs ; car lorsque $x' = 0$, le point A ne quittant pas sa position, le bras de levier est constant, et égal à $OB = l$: ainsi l'erreur est nulle, et $l - \varsigma = 0$. On doit donc évidemment trouver dans l'équation (17),

$1 - \dfrac{\sin x'}{x'} = 0$. Or, quand on fait $x' = 0$, dans

cette expression, on trouve $1 - \dfrac{0}{0} = 0$.

Pour expliquer ce résultat, remarquons que l'équation (15) donne, quand on y fait $x' = x''$,

$$\varsigma = l \frac{\sin x'}{x'},$$

et, comme une puissance qui agit le long d'un arc nul peut avoir évidemment un bras moyen quelconque de levier, nous devons, lorsque $x' = 0$, avoir aussi $\varsigma = l \dfrac{0}{0}$, ou $\dfrac{\sin x'}{x'} = \dfrac{0}{0}$, comme nous venons de le trouver. Seulement, les autres considérations du problème nous font voir que, dans le cas examiné, la condition $l - \rho = 0$ assigne 1 pour valeur de $\frac{0}{0}$.

Ainsi l'erreur commise sur le bras de levier, nulle quand x' séra zéro, croîtra de plus en plus avec x'.

On n'oubliera pas que tout ceci suppose que l'on fait l'expérience, selon le mode usité, en ayant soin que $x' = x''$. Si ces deux quantités n'étaient pas égales, la question devrait être discutée différemment, et ne conduirait pas tout à fait aux mêmes conclusions.

8. S'il n'est pas exact de considérer l comme le bras de levier moyen ; il ne l'est pas davantage de ne tenir jamais compte du travail qui résulte du déplacement du centre de gravité du frein, lorsque ce centre de gravité ne coïncide pas avec l'axe de rotation, et que son déplacement donne naissance à un travail appréciable.

Nous devons faire observer que, bien que cette précaution ait été abandonnée, dans la construction de la plupart des freins que l'on a faits depuis celui que M. de Prony a décrit, pour la première fois, dans les *Ann. des mines*, t. 12, année 1826, elle a été non-seulement prise, mais encore indiquée et motivée explicitement par cet ingénieur. La figure 2 représente l'appareil tel qu'il l'a créé.

Si donc l'obligation de se conformer aux exigences des dispositions locales a forcé de modifier trop souvent la forme de la partie inférieure du frein, on ne doit considérer ce changement que comme un inconvénient imposé par la nécessité, et non comme une amélioration.

9. Lorsque cet inconvénient existe, on s'efforce ordinairement, dans la pratique, d'y remédier en équilibrant le frein placé dans sa position normale, par un contre-poids agissant en sens contraire de la charge, sur le point d'application de cette charge ; ou bien, ce qui revient au même, en tenant compte du poids qu'il faudrait ainsi appliquer pour établir l'équilibre, et en ajoutant le chiffre qui exprime ce poids à celui de la charge même.

Mais il faut remarquer que, quand on établit ou que l'on détermine ainsi ce contre-poids, on place le bras du frein dans sa position normale ; et qu'alors toute la partie du frein qui peut se décomposer en deux systèmes symétriques, par rapport au plan vertical de l'axe de rotation, et qui comprend le collier, les boulons, le coussinet, et une portion du bras, a son centre de gravité dans le plan vertical dont nous parlons. Cette partie n'agit donc pas plus sur la détermination du contre-poids que si elle n'existait pas. Mais il en est autrement, dès que le frein vient à quitter sa position normale, le centre de gravité de cette partie de l'appareil s'écarte du plan vertical de l'axe, vient, par exemple, de g en g', et développe un travail dont on doit tenir compte.

Cependant il est visible que, si le rayon O B oscille au-dessus et au-dessous de l'horizontale, le travail dont nous parlons sera alternativement positif et négatif, et s'il est égal numériquement dans l'un et dans l'autre cas, c'est-à-dire si les oscillations sont égales au-dessus et au-dessous de O B, il ne donnera, à la fin de l'opération, qu'une somme nulle. La méthode ordinaire de calcul ne peut donc occasionner, dans ce cas, aucune erreur, par suite du déplacement du centre de gravité du frein.

10. Dans le cas contraire, on devra tenir compte de ce déplacement, et l'on évitera également toute erreur en déterminant exactement le travail qui en résultera. Pour y parvenir, on calculera les dimensions du frein que l'on voudra construire, de manière que le centre de gravité de tout le système vienne tomber dans l'étendue du coussinet, aux environs du point que nous avons désigné par g'. Après la construction du frein, on déterminera exactement la situation de ce centre de gravité, en plaçant l'appareil en équilibre sur une forte pointe conique émoussée. Puis, en observant les arcs décrits pendant les oscillations qui entraînent le centre de gravité, à droite du plan vertical qui passe par l'axe de rotation, et en déterminant le bras de levier moyen, au bout duquel agit le poids du frein pendant ce déplacement, on connaîtra le travail qui en résultera. On fera le même calcul pour les arcs décrits pendant les oscillations qui entraînent le centre de gravité à gauche du plan vertical de l'axe. On soustraira ces travaux l'un de l'autre, et l'on en ajoutera la différence, avec le

signe convenable, au travail de la charge suspendue au point d'application.

On parviendra donc aussi, dans ce cas, à éviter toute erreur résultante de la cause que nous venons de discuter, et, comme nous ne pouvons supposer que l'on prenne volontairement une méthode inexacte de calcul, lorsque l'on en possède une rigoureuse, applicable à tous les modes d'expérimentation et à tous les dispositifs usités, nous considérerons le déplacement du centre de gravité, comme ne devant pas occasionner d'erreur sur la quantité de travail observée, dans les opérations faites avec le frein.

11. Bien que l'expression du frottement disparaisse de la formule (4), le calcul n'en repose pas moins sur l'égalité constante entre le travail transmis par le moteur et le travail consommé par le frottement qui se développe à la circonférence du manchon.

Si l'une ou l'autre de ces deux quantités vient à éprouver une variation qui trouble l'équation (2) des moments, le levier est entraîné, et il quitte la position horizontale.

Si la variation est durable, elle occasionne une déviation qui ne peut être corrigée que par la manœuvre des boulons, ou par un changement dans le poids suspendu au point d'application ; mais, si elle n'est qu'instantanée, si elle provient des inégalités du frottement des surfaces, ou des irrégularités périodiques du travail du moteur, elle cesse promptement d'elle-même dans le cours de chaque période. Alors le système oscille, et l'on prend ordinairement pour base des calculs sa position moyenne entre ses deux positions extrêmes. On considère alors l comme étant le bras de levier moyen ; mais, ainsi que nous l'avons fait observer (5), il en résulte des erreurs dont nous aurons à discuter l'importance.

A ces causes d'inexactitude il faut ajouter celles qui consistent ou peuvent consister :

Dans l'influence de l'inertie des masses de l'appareil et de la charge ;

Dans les résistances passives des accessoires dont le frein est souvent accompagné.

Nous allons examiner successivement les effets des causes d'erreur que nous venons de signaler (*).

(*) Une méthode devant être appréciée, par la précision qu'elle donne quand elle est suivie ponctuellement, nous ne pouvons évidemment comprendre, dans cette énumération des erreurs, celles que l'on commettrait en mesurant mal la longueur du bras de levier, en déplaçant le centre de gravité du système, en un mot toutes les erreurs occasionnées par la distraction et le défaut de dextérité.

Ce que nous disons suppose donc que l'on donne à l'expérience les soins qu'elle réclame ; car si, par exemple, on ne maintient pas, par une manœuvre exacte des boulons, la constance et la régularité du frottement, si le manchon n'est pas rond, si la roue hydraulique n'est pas centrée, si le travail du moteur n'est pas parvenu à un régime uniforme, on restera plus ou moins loin de l'exactitude que nous allons calculer, mais on ne devra s'en prendre qu'à sa négligence, et même on sera encore averti de l'incertitude du résultat par la grandeur et l'irrégularité des oscillations du frein.

12. Recherchons d'abord la nature de l'influence des variations survenues dans l'intensité
du frottement, lorsque le travail du moteur restant parfaitement constant, le frottement éprouve
seul des variations périodiques.

En reprenant l'équation (1)

$$\Delta = 2\,\pi\,r\,F\,\tau,$$

nous voyons que F est proportionnel à Δ. Si donc
F devient $F + m\,F$, il faudra, pour que l'équation
continue de subsister, que Δ devienne $\Delta + m\,\Delta$, et

D'ailleurs, nous n'entendons parler que des usines mues
par de bonnes machines à vapeur ou par des roues hydrauliques. Les petits ateliers mus par des manéges ne sont pas
des usines, et deviennent tous les jours de moins en moins
nombreux dans l'industrie manufacturière. Pour ces ateliers, l'irrégularité de l'action du moteur ne permettrait pas
l'application des principes que nous établissons dans cette
notice ; mais l'inexactitude viendrait des variations de l'intensité de l'action motrice, et non de l'imperfection du frein
dynamométrique. Il faudrait donc recourir à l'emploi des
appareils additionnels indiqués par M. Poncelet, et appli-
qués dernièrement avec tant d'extension et de succès par
M. Morin.

Il va sans dire aussi que, pendant les expériences sur les
machines à vapeur, on maintient à un régime constant le
chauffage des chaudières, la pression du manomètre, et généralement l'égalité de la marche. Si l'on poussait le feu
irrégulièrement, on rendrait toute observation inexacte. Il
en serait de même pour une roue hydraulique, dont on ma-
nœuvrerait continuellement la vanne pendant la durée de
l'opération. De semblables maladresses, qui ne sont sou-
mises à aucune règle, ne doivent pas même être supposées
dans le calcul.

la sensibilité de l'instrument sera d'autant plus grande que m pourra être rendu plus petit sans cesser d'être appréciable.

D'ailleurs, m, lorsque nous le prenons positif, répond à une augmentation de l'effort tangentiel exercé par le frottement, et, par conséquent, à une augmentation proportionnelle du frottement.

Or, quand F diminue un peu, m devient négatif, et le frein, qui est entièrement libre, se trouve entraîné instantanément par la charge, jusqu'à ce que la somme des moments de P et de P' (11) soit redevenue égale au moment de F, ce qui arrive aussitôt par la diminution du bras de levier de P. En effet, ce levier s'abaisse, et son bras n'est plus alors autre chose que sa projection OD' sur sa première position horizontale.

Or, $OD' = OA' \cos(x' - \delta) = \dfrac{l}{\cos \delta}(\cos x' \cos \delta + \sin x' \sin \delta)$,

d'où

$$O D' = l (\cos x' + \tan g \, \delta \sin x') \quad (19).$$

Alors l'équilibre se rétablit, et l'on trouve, en formant une nouvelle équation des moments,

$$F(1 - m)\, r = P\, l (\cos x' + \tan g \, \delta \sin x') + P'\, l' \quad (20);$$

mais on a aussi $F\, r = P\, l + P'\, l'$, puisque cette équation est celle des moments dans le cas de la position normale du frein (2); on aura donc, en dégageant m et en réduisant :

$$m = \frac{P\, l\, (1 - \cos x' - \tan g \, \delta \sin x')}{P\, l + P'\, l'} \quad (21).$$

La différence numérique des travaux, calculés pour l'unité du temps dans ces deux situations du frein supposées successivement permanentes, est évidemment $m \triangle$, et si l'on prenait la nouvelle situation pour la situation normale, on tomberait dans une erreur égale à $m \triangle$ ou à $- m \triangle$, selon le sens dans lequel serait commise cette erreur.

Nous devons prévenir une objection fondée sur l'influence possible de l'inertie, et faire remarquer que les variations dans l'intensité du frottement et de l'action motrice se font par degrés insensibles, et ne parviennent que peu à peu aux valeurs $m \triangle$ et m F, pour décroître ensuite; que l'équation (20) est établie pour l'instant où l'oscillation se termine, où par conséquent la vitesse acquise et l'influence de l'inertie sont nulles; enfin que l'équation (2) est aussi relative à une circonstance semblable, puisqu'elle exprime que le travail est consommé à mesure qu'il est produit. L'emploi que nous venons de faire de ces deux équations est donc légitime; et l'on voit d'ailleurs qu'elles sont indépendantes de la durée du temps pendant lequel elles subsistent. Nous reparlerons, au reste, avec plus d'étendue, des effets de l'inertie (15).

13. On reconnaît sans peine que l'exactitude de l'appareil ne dépend pas du rayon du manchon. Ce rayon n'influe que sur l'intensité du frottement, et par suite sur le tirage des boulons et sur l'user des mâchoires. La longueur du levier du frein ne change rien non plus au nombre des degrés des oscillations, quoiqu'elle rende ces oscillations

d'autant plus visibles qu'elle est plus grande; et il suffit, par conséquent, d'employer un levier assez long pour que les amplitudes des oscillations soient facilement appréciables, et que la charge P ne soit pas trop considérable.

Ce que nous venons de dire ne concerne que le cas où, le frottement diminuant, la charge tend à entraîner le frein. Lorsque, au contraire, le frottement augmente, le frein tend à entraîner la charge; et, comme le moment de cette charge diminue en même temps, parce que son bras de levier devient plus court, il en résulte que, si l'augmentation du frottement persévère, le frein est emporté sans revenir à sa position normale. (Voyez la figure première.) Or, puisque l'expérience prouve que les oscillations, dans ce sens, peuvent être rendues égales à celles qui ont lieu dans le sens opposé, il faut reconnaître que l'augmentation légère de l'effort tangentiel exercé par le frottement n'est qu'instantanée dans les appareils bien construits, et fait aussitôt place à une diminution contraire qui permet au levier de rétrograder, malgré la diminution de sa projection horizontale, et qui, par conséquent, au moment où l'oscillation se termine, est sensiblement égale à ce qu'avait été l'augmentation. La valeur de celle-ci nous est donnée par la valeur de celle-là, et elle est sensiblement égale à m F.

Cette première diminution ramène le frein à sa position normale, et est aussitôt suivie d'une seconde diminution qui permet au système de faire un écart de l'autre côté de la ligne horizontale.

Ainsi, en définitive, la quantité $2\,m\,F$ représente la différence entre l'effort tangentiel maximum et l'effort tangentiel minimum résultant du frottement ; ces deux limites ne s'éloignent chacune que de $m\,F$, de la valeur moyenne que l'on prend pour leur valeur réelle.

Ce que nous disons ne s'applique toutefois qu'au cas où l'équation des moments n'est troublée, dans ce sens, que pendant un temps extrêmement court, par conséquent au cas où les expériences se font au moyen d'un frein et d'un manchon parfaits, et où l'action du moteur est assez régulière. Lorsque ces conditions ne se réalisent pas, et que l'augmentation sensible du frottement ou de l'intensité de l'action motrice persévère pendant un temps très-appréciable, le bras de levier continue de diminuer, le frein est entraîné, et il éprouve des perturbations qui désolent les expérimentateurs dont les appareils présentent peu de précision, et qui rendent même souvent toute observation impossible.

Il est évident, en effet, que l'équilibre du frein, dans ce sens, est un équilibre instable, analogue à celui des balances dites *balances folles*, dont le centre de gravité est placé trop haut, et qui ne tendent pas à revenir à leur position horizontale lorsque l'équilibre a été tant soit peu troublé.

Il est d'ailleurs aisé de voir, en consultant la figure première, que cet inconvénient n'existe pas dans l'autre sens du mouvement, et que la diminution du bras de levier y rétablit promptement l'équilibre.

Au reste, quand on a monté sur l'arbre tournant un manchon en fonte parfaitement tourné et poli; que l'on a eu soin de frapper toutes les cales alternativement et à petits coups, afin de ne pas déformer la surface cylindrique; que le travail du moteur est régulier, du moins autant que le permet la pratique des arts; on peut, même sans l'emploi de la graisse, et en se bornant à arroser les surfaces frottantes d'un filet d'eau toujours égal, obtenir un frottement pour ainsi dire constant.

Les expériences de M. Morin sur les turbines (voyez le mémoire de cet ingénieur, pag. 19) en donnent un exemple remarquable, et prouvent qu'en prenant les soins convenables, on peut réduire x_0' à 1° degré au plus. Si, dans certains cas, le frein éprouve les secousses continuelles et les soubresauts dont se plaignent quelques personnes, c'est toujours par suite du non-accomplissement de ces conditions; ou parce que, le manchon n'étant pas d'un rayon assez grand, la pression surpasse la limite de l'élasticité parfaite des surfaces frottantes qu'elle écrase en les déformant; ou, enfin, parce que l'on emploie, au lieu d'un manchon en fonte, une poulie en bois qui, présentant alternativement le fil et le bout de ses fibres aux mâchoires du frein, ne peut donner naissance qu'à un frottement extrêmement irrégulier.

Quant à la possibilité contestée par un mécanicien, de faire tourner l'axe de rotation avec des vitesses très-différentes, et de mesurer facilement le travail développé et consommé pour ces vitesses, nous ne pouvons que renvoyer aux travaux publiés par tous les ingénieurs qui ont fait des expériences au moyen du frein dynamométrique, notamment à ceux de MM. de Prony, Poncelet, Morin, Saint-Léger, Egen, Wedding et autres, qui ont opéré sous toutes les vitesses angulaires sur lesquelles il leur a plu de faire porter leurs recherches. Nous avons nous-même fait varier dans des expériences la vitesse de l'arbre tournant, sans rencontrer ni même soupçonner aucune difficulté de ce genre, et ce n'est que pour les très-petites vitesses, ou pour les pressions excessives, que nous avons remarqué dans le levier du frein un frémissement saccadé.

14. Lorsque l'effort du moteur est variable, il se présente des phénomènes semblables à ceux qui sont produits par la variation du frottement, et l'égalité des moments $F\,r$ et $P\,l + P'\,l'$, exprimée par l'équation (2), n'existe plus constamment.

Il en résulte des oscillations d'autant plus étendues, que les limites entre l'effort maximum et l'effort minimum sont plus distantes.

On s'est donc occupé et l'on s'occupe encore de la mesure du travail développé par les moteurs dont les efforts sont variables; les recherches de MM. Eytelwein, Poncelet et Morin ont jeté un grand jour sur cette question, dont la solution complète semble ne devoir pas se faire attendre.

Au reste, cette solution n'est pas nécessaire dans le cas qui nous occupe, celui de la mesure du travail développé par les moteurs des grandes usines, c'est-à-dire par les roues hydrauliques et par les machines à vapeur munies de volants. En effet, l'effort exercé par les roues hydrauliques est théoriquement constant, et ne peut varier que par suite des petites imperfections de ces roues. Celui des machines à vapeur employées dans les manufactures n'est pas uniforme, il est vrai, mais uniformément périodique, et les volants dont ces machines sont accompagnées reçoivent des proportions telles que la vitesse approche beaucoup de l'uniformité dans les différents instants d'une même période.

On a soin, en effet, de régler les volants de manière que la vitesse varie dans des limites telles, que la différence totale entre ces limites soit tout au plus $\frac{1}{n}$ de la vitesse normale. Alors, si l'on appelle Ω cette vitesse normale, pour l'extrémité B du bras de levier l de la charge du frein, et S la différence entre ces limites, le rapport $\frac{\Omega}{S}$ est donné par l'équation,

$$\frac{\Omega}{S} = n \qquad (22),$$

$$\left(\text{car } S = \frac{1}{n}\,\Omega \text{ par hypothèse; d'où } \frac{\Omega}{S} = n \right),$$

et le nombre n est précisément celui que l'on

trouve dans toutes les formules relatives au calcul des volants (*).

Alors, pour l'extrémité B du bras de levier l,

la vitesse minimum (**) sera $\Omega - \dfrac{1}{2n}\Omega = \Omega\left(1 - \dfrac{1}{2n}\right)$ (23),

la vitesse moyenne $\qquad\qquad\qquad = \Omega$ (24),

la vitesse maximum $\qquad \Omega + \dfrac{1}{2n}\Omega = \Omega\left(1 + \dfrac{1}{2n}\right)$ (25).

Donnons aux quantités analogues relatives au poids de l'appareil des dénominations semblables mais accentuées, et observons que

$$\Omega : \Omega' :: l : l' :: S : S',$$

nous aurons

$$\frac{\Omega}{S} = \frac{\Omega'}{S'} = n,$$

en sorte que n sera le même pour Ω' que pour Ω : et par conséquent on aura aussi,

Pour le centre de gravité $\square$ du frein,
$$\begin{cases} \text{la vitesse minimum} = \Omega'\left(1 - \dfrac{1}{2n}\right) & (26), \\[2mm] \text{la vitesse moyenne} = \Omega' & (27), \\[2mm] \text{la vitesse maximum} = \Omega'\left(1 + \dfrac{1}{2n}\right) & (28). \end{cases}$$

(*) Voyez le *Cours de mécanique appliquée aux machines*, de M. Poncelet, sect. II, n° 95.

(**) Nous devons faire observer qu'il s'agit de la vitesse que l'extrémité du bras de levier prendrait si elle était emportée dans le mouvement de l'arbre de rotation, et que ce mouvement prît un régime uniforme. (Voyez la note du n° 2.) Cette vitesse est $2\pi l \tau$; il ne faut pas la confondre avec la vitesse variable effective que le point B prend pendant les oscillations du frein.

Mais lorsque la vitesse de l'axe de rotation a diminué, que les extrémités de l et de l' ne tendent plus virtuellement qu'à prendre les vitesses $\Omega \left(1 - \frac{1}{2\,n} \right)$ et $\Omega' \left(1 - \frac{1}{2\,n} \right)$, c'est parce que le travail fourni par la machine, dans l'instant élémentaire, a diminué dans le rapport de Ω et Ω' à $\Omega \left(1 - \frac{1}{2\,n} \right)$ et à $\Omega' \left(1 - \frac{1}{2\,n} \right)$; c'est-à-dire dans le rapport de Δ à $\Delta \left(1 - \frac{1}{2\,n} \right)$. En effet, la résistance opposée par la production de l'effet utile restant constante, comme nous le supposons, il suit, du principe de l'égalité de l'action et de la réaction, que l'effort exercé ne subit pas d'altération; que ce qui y manque momentanément est suppléé par le travail emmagasiné dans le volant ou dans les autres pièces mobiles; que la vitesse seule éprouve une diminution, et que cette diminution est proportionnelle à celle du travail transmis actuellement par le moteur. Par conséquent, ce travail est réduit de Δ à $\Delta \left(1 - \frac{1}{2\,n} \right)$, si la variation se prolonge pendant un temps fini, ou de $d\,\Delta$ à $d\,\Delta \left(1 - \frac{1}{2\,n} \right)$, si elle n'a lieu que pendant le temps élémentaire; et, comme on le voit, $\frac{1}{2\,n}$ n'est autre chose que ce que nous avons représenté par m (12).

3

L'équation (21) donne donc :

$$\frac{1}{2n} = \frac{Pl\,(1 - \cos x' - \tang \delta \sin x')}{Pl + P'l'} \qquad (29).$$

Ce que nous avons dit du cas où l'intensité de l'action motrice diminue s'applique mot pour mot, sauf un simple changement de signe, à celui où cette intensité augmente. Nous croyons donc inutile d'insister sur cette dernière circonstance.

15. L'inertie des masses du frein et de la charge n'exerce, comme il est facile de s'en assurer, aucune influence fâcheuse sur l'exactitude des indications.

Considérons, en effet, le frein au moment où, en oscillant, il passe dans sa position normale. Il est alors à son maximum de vitesse, et cette vitesse s'éteint graduellement jusqu'à la limite de l'oscillation. Pendant que la vitesse diminue ainsi, l'inertie vient bien en aide au moteur ou à la résistance qui entraîne le frein de cè côté; mais lorsque le frein rétrograde, pour accomplir l'oscillation suivante, sa vitesse redevient croissante, et l'inertie joue alors un rôle tout opposé au précédent. Elle détruit donc le travail qu'elle avait pu ajouter à celui des agents dont nous venons de parler, et par conséquent, après un temps fini, la somme algébrique de ses travaux partiels est nulle.

S'il restait quelque inquiétude pour celles des oscillations où des causes perturbatrices occasionnent des saccades dans le décroissement graduel de la vitesse, nous ferions observer que les oscillations notablement irrégulières sont des exceptions peu fréquentes, du moins quand l'expérience est bien faite. D'ailleurs, aux limites extrêmes des oscillations, la vitesse est nulle, et les équations (2) et (20) subsistent dans toute leur rigueur. Enfin, comme la vitesse décroît toujours depuis le milieu des oscillations jusqu'à leur limite extrême, l'influence de l'inertie ne pourrait consister, si des secousses la rendaient appréciable, qu'en un agrandissement des amplitudes.

Or nous verrons plus loin que c'est d'après l'amplitude des oscillations observées que nous jugeons du maximum de l'erreur possible. Si donc on reconnaît que toutes les oscillations soient régulières et d'une égale étendue, on déterminera cette étendue sans embarras, et l'on en conclura le maximum cherché. Si, au contraire, on aperçoit des variations dans la grandeur des arcs décrits, on calculera l'amplitude moyenne en la supposant plutôt trop grande que trop petite, et comme le maximum de l'erreur possible croît avec l'amplitude des oscillations, ainsi que nous le ferons voir (18), et que l'on peut déjà le pressentir d'après ce que nous avons dit (7), on péchera plutôt par excès que par défaut dans l'estimation de l'importance possible de cette erreur.

Au reste, si nous faisons ces dernières observations, c'est par pure déférence pour la stricte rigueur de l'analyse et non pour l'utilité réelle.

En effet, pour les plus grandes oscillations de

la pratique, l'erreur, comme nous le ferons voir, est une fraction très-petite du travail total. Une légère inexactitude dans l'évaluation de l'amplitude de ces oscillations ne représenterait donc qu'une faible fraction de cette très-petite fraction, et le rigorisme que l'on pourrait mettre dans cette mesure ferait dégénérer la précision en minutie.

Nous considérerons donc l'inertie comme ne pouvant occasionner aucune erreur dans les indications données par le frein.

16. Les résistances passives des appareils accessoires dont le frein est souvent accompagné ont des inconvénients ; elles absorbent toujours une certaine quantité de travail, qui, lorsque l'oscillation approche du terme de son amplitude, devient fort comparable avec l'excès développé par le moteur ou consommé par la production de l'effet. Ces résistances accélèrent donc le moment où cet excès est annulé, et par conséquent elles diminuent l'amplitude des oscillations et la sensibilité de l'instrument.

On peut donc regarder comme nuisible toute espèce de complication apportée à la construction d'un frein dynamométrique et capable d'engendrer une résistance passive. On sent bien, d'ailleurs, que ce défaut, d'autant plus grave que les résistances ainsi développées sont plus considérables, échappe à un calcul général. On ne pourrait en déterminer les effets que pour chaque appareil en particulier, et nous n'avons pas, d'ailleurs, à en tenir compte, puisque nous regardons le frein comme devant être construit dans toute sa simplicité.

17. En revenant sur les causes d'inexactitude que nous avons discutées séparément, nous voyons qu'il est inutile de nous occuper de l'influence de l'inertie, ni des résistances passives occasionnées par les accessoires que nous recommandons de ne jamais employer.

L'erreur que l'on pourra commettre ne résultera donc que de l'emploi, dans la formule, du bras de levier l, au lieu du bras de levier ρ, et, par conséquent, sera exprimée par l'équation (16), qui se réduit dans le mode d'expérimentation ordinaire, où $x' = x''$, à

$$l - \rho = l \left(1 - \frac{\sin x'}{x'} \right).$$

Nous avons fait voir à la fin du numéro (7) que cette erreur, nulle quand $x' = 0$, croît de plus en plus avec cet arc, et que l'on peut l'anéantir en employant dans le calcul la valeur de ρ à la place de celle de l.

Nous avons aussi fait voir (12) et (14) que les oscillations sont causées par les variations dans l'intensité de l'action du frottement et de l'action du moteur, et nous avons déterminé les amplitudes correspondantes à des variations données. Il se présente donc à nous deux manières d'envisager la question. La première consiste à rechercher l'amplitude maximum qui peut résulter des variations les plus grandes que la pratique des arts fasse observer dans l'intensité du frottement ou de l'action motrice, et à vérifier, par l'observation et l'expérience, si les limites indiquées par le calcul pour les amplitudes ne sont pas dépassées dans l'exécution ; la seconde à rechercher l'erreur commise lorsque les oscillations ont une amplitude donnée, et, par conséquent aussi, lorsqu'elles ont l'amplitude maximum déterminée par le calcul ou par l'observation.

Nous allons traiter ces questions pour les dispositifs les plus ordinaires.

18. Commençons par celui du frein réduit à sa plus grande simplicité.

Supposons donc cet appareil tellement équilibré que son centre de gravité coïncide exactement avec son axe de rotation, nous aurons $l' = 0$, et l'erreur commise sur le bras de levier pour un arc total de $x'_0 + x''_0 = 2\,x'_0$ degrés sera donnée par l'équation (17).

$$\text{Ce sera} \quad l - \rho = l\left(1 - \frac{\sin x'}{x'}\right) \quad (30).$$

On voit d'ailleurs que cet appareil a l'inconvénient de ne posséder que l'équilibre instable, dans le sens vers lequel l'augmentation de l'intensité du frottement ou de l'action du moteur tend à entraîner le frein.

On se rappellera que l'erreur, nulle pour $x'=0$, croîtra de plus en plus avec x' (7).

Dans la formule (30), x' est la valeur de l'arc décrit du rayon 1, et, pour obtenir le nombre x'_0 des degrés de cet arc, on a évidemment

$x'_0 = \dfrac{x'}{2\,\pi} \times 360$; comme d'ailleurs sin x' ne dif-

fère pas de sin x'_0, on peut remplacer sin x' par

sin x'_0, et la formule (30) devient

$$l - \rho = l \left(1 - \frac{360 \sin x'_0}{2\pi x'_0} \right) \cdot \qquad (31).$$

Maintenant, si nous reprenons l'équation (4), nous aurons, en observant qu'ici $l' = 0$,

$$\Delta = 2\,\pi\,\tau\,\mathrm{P}\,l \qquad (32).$$

L'erreur $m'\,\Delta$ (*), que l'on commettra en mettant l dans cette formule au lieu de ρ, sera évidemment donnée par l'expression,

$$m'\Delta = 2\pi\tau\mathrm{P}l - 2\pi\tau\mathrm{P}\rho = 2\pi\tau\mathrm{P}\,(l - \rho),$$

ou (voyez l'équation 31),

$$m'\Delta = 2\pi\tau\mathrm{P}l \left(1 - \frac{360 \sin x'_0}{2\pi x'_0} \right),$$

ou enfin, à cause de $\Delta = 2\pi\tau\mathrm{P}l$,

$$m'\Delta = \left(1 - \frac{360 \sin x'_0}{2\pi x'_0} \right) \Delta \qquad (33).$$

(*) Il ne faut pas confondre la fraction m', dont nous parlons ici, avec la fraction m dont il a été question ci-dessus. La première, m', est l'erreur commise sur la valeur du travail ; tandis que la seconde, m, est la fraction dont le travail du moteur ou le frottement a dû croître ou diminuer, pour que la ligne OB passât de la position normale à l'une de ses positions extrêmes OB′, OB″, fig. 1.

Ce qui donne aussi $m' = 1 - \dfrac{360 \sin x'_0}{2 \pi x'_0}$ (34).

L'équation (29) nous fournit le moyen de déterminer (17) l'amplitude de l'oscillation résultante d'une variation quelconque $m\,\mathrm{F}$ ou $\dfrac{1}{2\,n}\mathrm{F}$ survenue dans l'intensité de l'action du frottement ou du moteur, et considérée isolément des autres causes de l'entraînement du frein. L'équation (33) nous permet aussi de reconnaître l'erreur commise pour une amplitude totale $2\,x'_0$ donnée *à priori*, ou bien observée dans l'expérience.

19. Comme nous l'avons vu, les variations du frottement ne portent guère, quand l'appareil est -excellent, la valeur de $2\,x'_0$, qu'à 2° environ. Mais, en supposant que l'on eût pour $2\,x'_0$ la valeur fort grande de 12°, on trouverait

$$m' = 1 - 0,9983 = 0,0017,$$

d'où

$$m'\,\triangle = 0,0017\,\triangle \qquad (35),$$

quantité tout à fait insignifiante.

Quant à l'erreur qui peut provenir des variations de l'action du moteur, on commencera par remarquer que l'équation (29) devient quand $\delta = 0$, et $l' = 0$, attendu que $\dfrac{1}{2\,n} = m$,

$$\frac{1}{2n} = 1 - \cos x' = m \qquad (36),$$

et, comme dans les machines à vapeur, on ne

prend pas n au-dessous de 18, on a au moins

$$\cos x' = 1 - \frac{1}{2n} \qquad\qquad (37).$$

ou, ce qui revient au même,

$$\cos x'_0 = 1 - \frac{1}{2n} = \frac{35}{36} = 0.972, \quad \text{d'où} \quad x'_0 = 13°.36'.$$

Portant cette valeur dans l'équation (34), nous aurons, en observant que 13° 36' sont exprimés en décimales par 13° 60,

$$m' = 1 - \frac{360 \sin 13°.36'}{2\pi \times 13.60},$$

$$m' = 1 - 0.9908 = 0.0092,$$

d'où

$$m'\Delta = 0.0092\Delta \qquad\qquad (38),$$

quantité fort petite.

La moyenne des amplitudes des oscillations ne sera pas sensiblement augmentée par la variation du frottement, parce que l'erreur qui provient de cette cause tendra tantôt à diminuer, tantôt à accroître l'erreur beaucoup plus appréciable que nous venons de discuter.

Nous avons aussi fait voir que l'influence de l'inertie ne changeait pas cette moyenne, qui, par conséquent, dans le cas que nous examinons, n'excédera pas 13° 36' au-dessus et au-dessous de l'horizontale.

Si l'on suppose cependant que les deux erreurs s'ajoutent constamment l'une à l'autre, et que l'on

prenne même celle qui est donnée par l'é-
quation (35), on aura pour l'erreur totale :

$$m'_\Delta = (0,0017 + 0,0092)_\Delta = 0,0109_\Delta \quad (39).$$

On observera d'ailleurs que le frein que nous venons de décrire étant équilibré et n'étant soumis
à aucune résistance passive, les causes d'erreur
que nous venons de discuter sont les seules que
l'on ait à craindre, et en portant même, pour tenir
compte des légères erreurs d'observation, la valeur
de m'_Δ à

$$m'_\Delta = 0,015_\Delta \quad (40),$$

on pourra conclure que :

*Quand le frein dynamométrique, réduit à
toute sa simplicité primitive, forme au-dessus
et au-dessous du plan horizontal des variations qui ne dépassent pas 13° 36', et qui, par
conséquent, répondent à une amplitude totale
de 27° 12', l'erreur que l'on commet par la
méthode ordinaire n'excède pas un centième
et demi du travail total, et pourrait même être
atténuée et réduite aux seules erreurs d'observation, si, au lieu d'introduire l dans la formule,
on y introduisait la valeur du rayon moyen ç de
l'arc total d'amplitude.*

*La projection sur la verticale du double arc
de* 13° 36' *est* 2 sin 13° 36' × l; *par conséquent,
pour un rayon d'un mètre, cette projection
égale* 0,470, *et pour un rayon de deux mètres elle
égale* 0,940.

Cette amplitude, comme nous l'avons fait voir,

est l'amplitude maximum que la théorie indique comme produite par les variations de l'intensité du moteur, dans les machines à vapeur, où le volant exerce la moindre influence régulatrice. L'expérience confirme cette prévision du calcul; et il est même fort rare que les amplitudes observées aient un aussi grand nombre de degrés : presque toujours elles sont beaucoup moins fortes, et, par conséquent, l'erreur est aussi bien inférieure à celle qui est indiquée par l'équation (40).

Le seul inconvénient que présente le dispositif que nous venons d'examiner est donc l'instabilité de son équilibre dans un sens, instabilité qui exige beaucoup de précautions délicates dans l'emploi, surtout lorsque les variations de l'intensité du moteur sont grandes.

20. Lorsque le frein n'est pas équilibré, les circonstances ne sont pas tout à fait les mêmes que dans la discussion qui précède, et, si l'on suit le mode usité d'expérimentation, on doit concevoir le poids de l'appareil comme décomposé en deux parties. La première est celle de toute la portion A C du bras du frein, qui, dans la position normale du système, se trouve en dehors de la symétrie, par rapport au plan vertical qui passe par l'axe de rotation.

On tient compte de cette partie du poids en déterminant la force qui, appliquée en sens contraire au point A, y ferait équilibre, et l'on ajoute à la valeur de la charge celle de cette force, qui se trouve ainsi portée en ligne de compte.

Quant au système symétrique E C F, on voit que, quand les oscillations s'étendent autant au-dessus qu'au-dessous de O B, que, par conséquent, $x' = x''$, les travaux qui résultent du déplacement du centre de gravité s'annulent et n'entraînent aucune erreur. Mais on voit aussi que, quand le centre de gravité est en g', le poids de cette partie symétrique favorise l'action de la résistance qui tend à entraîner le levier et augmente l'amplitude de l'oscillation. Le même effet se passe quand ce centre de gravité est en g'', et de plus, dans cette position, il tend à augmenter l'instabilité de l'équilibre.

Lors donc que le frein ne sera pas équilibré, et que les oscillations s'étendront également au-dessus et au-dessous de l'horizontale O B, le déplacement du centre de gravité tendra à augmenter l'amplitude des oscillations et, par conséquent, à porter, dans les circonstances extrèmes dont nous avons parlé (19), la valeur de x'_0 au delà de $13° 36'$. Il est rare, à la vérité, qu'elles atteignent même cette amplitude dans la pratique; mais il est rare aussi que l'on rencontre, dans les manufactures bien établies, des machines à vapeur où n ne soit pas beaucoup plus grand que 18 (14 et 19).

Quoi qu'il en soit, puisque dans le cas où $x' = x''$, les travaux produits par le déplacement du centre de gravité ne fournissent qu'une somme nulle, ce déplacement ne pourra augmenter l'erreur qu'en faisant croître l'amplitude des oscillations et la valeur de $l - \rho$.

Lors donc que l'on se sera servi d'un frein de ce

genre et que l'on aura observé la valeur de x'_0, on déterminera l'erreur commise, en introduisant cette valeur dans la formule (31).

21. Nous avons dit (5) que, pour observer les arcs x' et x'', il ne faut pas considérer les mouvements du levier du frein, mais bien ceux du rayon horizontal OB. On fera facilement cette observation au moyen d'un style S, fig. 3, composé, si l'on veut, d'un simple fil de fer, et formant, quand le frein sera dans la position normale, le prolongement du rayon OB. On comptera facilement les degrés des amplitudes sur un index I formé d'une planche ou d'un carton divisé, et l'on en conclura x_0' et x_0'', et, par suite, tous les résultats des formules que nous avons exposées.

22. La discussion qui précède montre évidemment combien est nuisible l'addition faite au levier du frein, par quelques expérimentateurs, d'un arc concentrique à l'axe de rotation et destiné à maintenir constant le bras de ce levier. Cette annexe rend instable l'équilibre du frein, tant au-dessus qu'au-dessous du plan horizontal, tandis que, dans la construction primitive, l'équilibre n'était instable que d'un côté de ce plan. On motive, à la vérité, cette disposition sur le désir d'éviter l'erreur dont nous avons discuté l'importance ; mais, à cause de la petitesse de cette erreur que l'on peut même anéantir (6) en employant dans le calcul le rayon moyen ρ au lieu de l, il est aisé de voir que l'avantage que l'on se propose d'obtenir ne compense pas les inconvénients qui l'accompagnent.

Aussi les expérimentateurs qui se servent de semblables freins ne parviennent-ils à les fixer qu'en y ajoutant des accessoires capables de présenter des résistances passives, qu'il faut même augmenter lorsque l'intensité du frottement, et surtout celle de l'action du moteur, varient notablement. Cette nécessité se fait sentir principalement dans l'essai de la puissance des machines à vapeur dont la vitesse n'est pas très-régulière.

Évidemment, cette augmentation de résistances passives n'est qu'un palliatif préjudiciable à la précision des observations.

La petitesse des erreurs qui résultent des variations ordinaires de l'intensité de l'action du moteur doit également faire renoncer habituellement, dans la pratique des usines, aux appareils dynamométriques destinés à tenir compte de ces variations ; ces appareils ne seront utilement applicables que quand les variations sortiront des conditions consacrées par l'usage, ou bien quand il s'agira des efforts de traction exercés par les animaux.

23. Tout ce que nous avons dit de l'exactitude du frein dynamométrique de M. de Prony se trouve confirmé par de belles expériences que M. Egen, ingénieur prussien, a décrites dans un ouvrage publié à Berlin en 1831 (*).

On y voit qu'en employant un manchon en

(*) Untersuchungen über den Effeckt einiger in Rheinland Westphalen besthehenden Wasserwerke. —Von Egen. —Berlin, 1831.

fonte l'auteur a obtenu les résultats suivants :

En opérant avec des poids (sur 18 ex-
périences),
  Maximum de l'écart de l'effort, en dehors
de l'effort moyen.. 0,020
  Minimum, *idem*.. 0,005
  Moyenne de l'écart. 0,011
En opérant avec un dynamomètre
à ressort (sur 15 expériences),
  Maximum de l'écart de l'effort ,
en dehors de l'effort moyen. . . 0,033
  Minimum.. 0,001
  Moyenne. 0,015

de la valeur de l'effort P exercé au point de suspension.

L'appareil était du genre de celui dont nous
avons parlé (20); la précision a été diminuée,
parce que le manchon et une chaîne articulée qui
opérait le frottement se rodaient un peu, et que
l'huile n'était pas régulièrement fournie. Nous devons prévenir aussi que les résultats de M. Egen
sont relatifs à des moteurs d'une action parfaitement uniforme, c'est-à-dire à des roues hydrauliques.

24. Quelque excellent que soit l'appareil dont
nous avons discuté les propriétés, on a souvent remarqué, en l'employant, la nécessité d'y apporter
plusieurs modifications dont nous allons examiner
les avantages et les inconvénients.

Parmi les motifs de ces modifications figure en
première ligne le défaut d'espace, qui, dans beaucoup de localités, ne permet pas l'emploi de la

pièce inférieure destinée à équilibrer toutes les parties du frein et à faire coïncider son centre de gravité avec l'axe de rotation.

Nous ne reviendrons pas sur ce que nous avons dit (20) des effets de cette suppression, et nous nous bornerons ici à discuter les moyens par lesquels on a coutume de l'exécuter.

M. Poncelet, dans les expériences qu'il a faites sur ses roues à aubes courbes, s'est servi d'une bande de tôle qui embrassait l'arbre en bois sur lequel il opérait. M. Egen, que nous avons déjà cité (23), a remplacé, à son tour, la bande de tôle par une enveloppe articulée composée de maillons en fer battu, et frottant sur un manchon tourné en fonte. Cette dernière modification a deux inconvénients, celui du frottement du fer contre la fonte et celui d'une pression beaucoup plus inégale que la pression qui est produite par la bande de tôle. Aussi l'auteur reconnaît-il que, dans ses expériences, le manchon éprouvait des dégradations. Je pense donc que l'on doit s'en tenir à la bande de tôle (*) employée d'abord par M. Poncelet, en évitant, comme l'a fait cet illustre ingénieur, de mettre en contact des substances qui puissent s'altérer autrement que par le simple user.

Or, comme maintenant on ne se sert plus que de manchons en fonte, il faut évidemment interposer entre la gorge du manchon et la bande

(*) Pour les fortes pressions, il faudrait faire cette bande en fer battu, suffisamment épais et parfaitement corroyé.

de fer battu une doublure qui satisfasse à la condition que nous venons d'indiquer.

Cette doublure doit être flexible, et, parmi les
substances métalliques dont on pourrait la former,
je n'en connais, sauf recherches ultérieures, aucune qui satisfasse à toutes les conditions désira-
bles. Le bronze est cassant, ainsi que toutes les
compositions qui fournissent les meilleurs coussi-
nets ; l'étain et ses alliages sont trop fusibles ; le
cuivre se réduit en poudre lorsqu'il est échauffé et
soumis à un frottement considérable ; le bois qui,
loin de roder la fonte, s'use en se charbonnant un
peu, et prend, avec la plus grande facilité, la
forme convenable pour l'application complète des
surfaces, est, par conséquent, la substance qui convient le mieux. Je propose donc de doubler la
bande d'une planche de châtaignier refendu (*)
assouplie par le séjour dans l'eau, courbée au feu,
et rendue plus élastique par de petits traits de
scie pratiqués du côté de la convexité. Du mer-
rain neuf, tel que celui que l'on emploie pour la
fabrication des tonnes, bien dressé, et réduit à
2 centimètres d'épaisseur au plus, remplira parfaitement cette indication. On empêchera le glissement, en faisant lever, sur la surface intérieure
de la bande qui devra être fort épaisse, des aspé-

(*) C'est M. de Saint-Léger qui, le premier, a eu l'idée
d'interposer du bois entre la bande et le manchon ; mais
les voussoirs qu'il emploie peuvent occuper trop d'espace
dans quelques circonstances ; alors l'emploi d'une planche
flexible moins volumineuse présente de l'avantage.

4

rités semblables à celles d'une râpe à bois, et en faisant établir, aux deux points où se terminera la planche, de petits épaulements destinés à empêcher le glissement. On aura soin, d'ailleurs, de laisser le bois déborder la tôle de quelques millimètres de chaque côté, et, de cette manière, la gorge et les gardes du manchon, ne portant que sur du bois, ne pourront éprouver aucune dégradation. (Voyez la figure 3.)

25. La rigidité qu'il est indispensable de donner à toutes les parties du frein, pour en maintenir les différents points à des distances invariables, occasionne le desserrement des boulons, aussitôt que les surfaces frottantes éprouvent le plus petit user. Aussi la manœuvre des boulons doit-elle être continuelle, surtout lorsque la pression est assez grande pour rendre l'user très-rapide. M. Poncelet a proposé d'y remédier par l'emploi d'un levier inférieur, et par l'éloignement de l'un des boulons de l'axe de rotation. La pièce inférieure, en fléchissant légèrement, ne déplacerait pas sensiblement le centre de gravité du système, et, pour peu que la pièce supérieure restât rigide, les distances relatives des points importants du système n'éprouveraient aucune variation. On conçoit, d'ailleurs, que l'élasticité donnée aux pièces qui opèrent la pression devrait rendre l'user des surfaces beaucoup moins sensible.

Profitant de cette idée, mais désirant diminuer l'espace occupé par la partie inférieure du frein, je préfère conserver la bande de tôle ou de fer battu doublée en bois, laisser les boulons aussi près que possible de l'arbre de rotation ; mais faire porter les écrous de ces boulons sur des ressorts en acier, capables d'opposer une résistance suffisante. (Voyez R, R, figure 3.) Le tirage des boulons étant alors effectué par les ressorts, et la tension de ces derniers diminuant fort peu, pour un user insensible des surfaces, la pression demeurera constante pendant beaucoup plus longtemps que quand le tirage s'exerce entre des pièces absolument rigides. Les recherches de M. Morin, sur le coefficient d'élasticité de l'acier, fourniront les documents nécessaires pour le calcul des dimensions des lames, et il suffira , en raison du faible user des surfaces, que ces ressorts puissent éprouver des flexions de 0^m003, ou même de 0^m002, sans que leur résistance éprouve un changement sensible.

26. Après les modifications réclamées par le défaut d'espace, il en est une autre très-importante dont personne n'a , je crois, encore parlé. Cette nouvelle modification a pour objet de disposer le frein de manière que l'équilibre tende à se rétablir de soi-même lorsqu'il a été légèrement troublé.

Nous avons, en effet, remarqué (13) que l'équilibre du frein dynamométrique est instable dans un des sens de son mouvement, et même (22) que, pour certains dispositifs, cet équilibre est instable dans les deux sens.

J'ai cherché le moyen de lever cet inconvénient,

mais en m'imposant la condition de n'ajouter aucune complication ni aucune résistance passive appréciable au dispositif de M. de Prony. Voici comment j'y suis parvenu.

Au lieu de placer le point d'attache en A, fig. 3, portons-le en A''', fig. 4, et rendons-le fixe en suspendant la charge à un support armé d'un grain de la forme de ceux des fléaux de balance. Le rayon de la circonférence de rotation sera évidemment OA''', et l'angle BOA''', que nous avons représenté dans les formules précédentes par δ, deviendra — δ. Nous aurons, d'ailleurs,

$$OA''' = \frac{OB}{\cos - \delta} = \frac{OB}{\cos \delta} = \frac{l}{\cos \delta},$$

comme précédemment. Lors donc que le frottement ou l'intensité de l'action motrice augmentera, la ligne OA''' étant entraînée vers le plan horizontal dont OB représente la trace, le bras de levier augmentera, et parviendra à son maximum quand OA''' coïncidera avec OB. Ce bras de levier, en continuant son mouvement au-dessus de OB, commencera, il est vrai, à diminuer graduellement, et ne reprendra sa première valeur OB ou l que quand A''' aura été entraîné assez loin au-dessus de OB pour que l'angle A'''OB soit égal à δ.

Par conséquent, lors même que l'augmentation reçue par le bras de levier, dans tout le trajet du point d'application de A''' jusqu'au plan horizontal, ne suffirait pas pour faire équilibre à celle qui a été subie par le frottement ou par l'intensité de l'action du moteur, ces dernières causes auraient encore le temps de cesser avant que le bras de levier commençât à décroître au-dessous de sa première valeur l, ce qui ne peut arriver que quand il aura dépassé le point A^{iv}.

Au contraire, si l'intensité du frottement ou de l'action du moteur diminue, le bras de levier décroîtra en même temps par l'abaissement du point A''', et, par conséquent, le frein ne pourra être entraîné indéfiniment de ce côté. Comme, d'ailleurs, on peut prendre $-\delta$ plus ou moins grand numériquement, et, par conséquent, augmenter plus ou moins l'excès de OA''' sur OB, on peut augmenter à volonté la stabilité obtenue par ce moyen pour l'équilibre.

On voit, au reste, que, si Δ peut recevoir une augmentation maximum $m\Delta$, il suffira, pour que l'équilibre soit rendu stable, que l'on ait (12), en formant une nouvelle équation des moments,

$$F\,(1+m)\,r = (P\,l + P'\,l')\,(1+m) = \frac{\Delta}{2\,\pi\,\tau}\,(1+m);$$

d'où

$$P\,l\,(1+m) = \left(\frac{\Delta}{2\,\pi\,\tau} - P'\,l'\right)(1+m).$$

Or, puisque $l\,(1+m)$ doit être le nouveau bras de levier maximum, il faut que l'on ait

$$P \times O\,A''' = \left(\frac{\Delta}{2\,\pi\,\tau} - P'\,l'\right)(1+m);$$

ce qui donne

$$OA''' = \frac{\left(\dfrac{\Delta}{2\,\pi\,\tau} - P'\,l'\right)(1 + m)}{P} = \frac{l}{\cos \delta}:$$

d'où l'on tire enfin

$$\cos \delta = \frac{P\,l}{\left(\dfrac{\Delta}{2\,\pi\,\tau} - P'\,l'\right)(1 + m)}. \qquad (41)$$

Équation qui fournit le moyen de déterminer l'angle BOA''', pour une augmentation maximum m de Δ; et, comme $m = \dfrac{1}{2\,n}$, on peut aussi déterminer l'angle B O A''' pour une valeur donnée de n.

En se reportant aux formules que nous avons établies, on reconnaît aisément que toutes ces formules sont applicables à l'appareil modifié que nous venons de décrire; seulement il faut changer dans ces formules δ en $-\delta$, et ne pas perdre de vue que les arcs x' et x'' des oscillations doivent être mesurés (5) à partir du plan horizontal dont OB est la trace, et non à partir de la direction du bras de levier.

27. La construction des écrous des boulons n'est pas précisément indifférente. Si, pour se dispenser de l'emploi des clefs, on y adaptait des oreilles, ces oreilles, qui devraient être fortes et lourdes, feraient varier, en se déplaçant, la position du centre de gravité du système; et, quoique l'inexactitude ne fût pas très-grave, il convient d'autant mieux de l'éviter, que l'existence des

oreilles rendrait la manœuvre impossible dans beaucoup de circonstances où l'espace libre est très-circonscrit et où le frein doit être placé dans le voisinage d'un mur ou d'un support.

28. Nous avons fait remarquer (13) que la sensibilité et la précision des indications du frein ne dépendent pas de son rayon. On pourra donc, dans beaucoup de cas, diminuer considérablement la longueur que l'on semble généralement adopter pour le levier. En effet, un degré occupe, sur une circonférence dont le rayon est 1^m, un espace égal à $\frac{2\,\pi}{360}$ ou 0^m017 ; des oscillations dont l'amplitude totale serait de 5^0 seulement occuperaient donc un espace de 0^m085, et seraient, par conséquent, fort appréciables. Or, sur un arbre de rotation faisant seulement 30 tours par minute, nombre dépassé par les arbres des machines à vapeur, on pourrait mesurer avec un bras de levier d'un mètre seulement, et une charge de 200 kilog., y compris la composante du poids du frein, un travail de $8^{ch}37$ (2). On peut donc, dans la plupart des circonstances, employer le frein d'une manière beaucoup moins embarrassante qu'on ne le fait ordinairement.

FIN.

AVIS.

L'impression de cette notice était à peu près terminée, lorsqu'un voyage et des travaux pressants m'ont obligé de l'interrompre pendant plus d'un mois. Depuis, la question s'est compliquée, par l'expression du désir que plusieurs personnes ont manifesté, de voir des expériences opposer aux attaques dirigées contre le frein dynamométrique une réponse plus évidente aux yeux de tous que les conclusions de l'analyse algébrique.

Je m'associe pleinement à ce désir, car, s'il est inutile de vérifier l'exactitude de la théorie et de l'appareil créés par l'ingénieur illustre dont les sciences déplorent la perte récente, il ne l'est pas de convaincre tous les intérêts; et il faut, malheureusement, avouer que les formules mathématiques doivent être crues sur parole par le plus grand nombre.

C'est surtout cette dernière considération qui m'a fait renoncer à entrer dans une discussion sur les principes mêmes, discussion qui n'eût eu probablement, auprès des personnes étrangères à la mécanique théorique, d'autre résultat que de jeter de l'obscurité dans leur esprit. Je désire donc d'autant plus vivement les expériences dont je viens de parler, que la démonstration pratique qui en résultera ne pourra laisser prise à aucun nouvel argument.

Imprimerie de L. Bouchard-Huzard, rue de l'Éperon, 7.

I

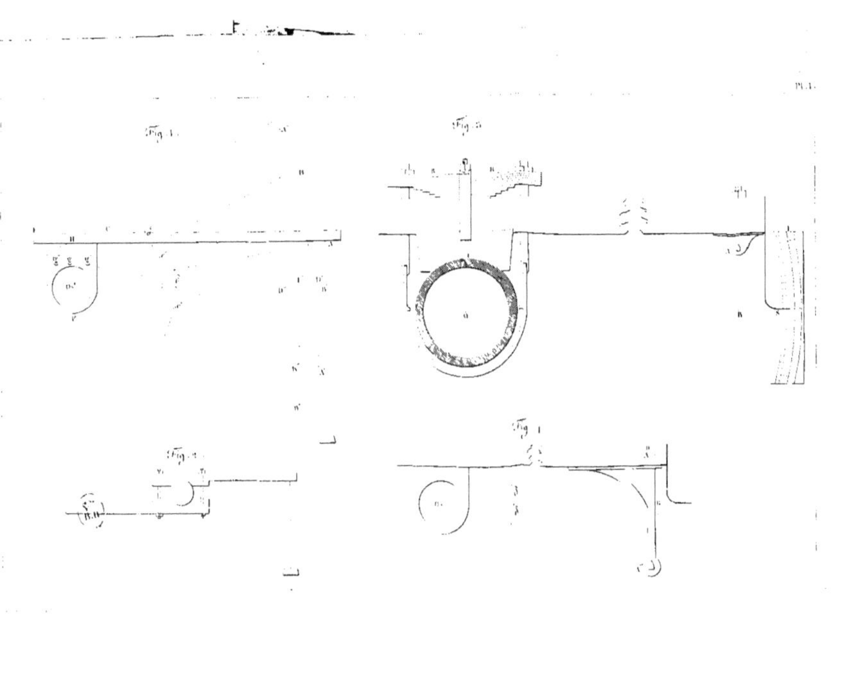
Fig. 1
Fig. 2
Fig. 3
Fig. 4